Von 1 – 10 mit Maus + Bär

Zählen und Rechnen

Isolde Schmitt-Menzel und Ingeborg Ahrenkiel

XENOS

Heute spielen wir Schule, Bär, wir zählen und rechnen mit den Zahlen von 1 – 10.

ISBN 3-8212-1542-9

durch XENOS Verlagsgesellschaft mbH
Am Hehsel 40, 22339 Hamburg

Printed in Italy

Na, wie viele Nasen hast du, Bär? Natürlich nur eine, Maus! Aha, das ist also die 1 .

Kannst du auch schon eine 1 schreiben, Bär? Klar, Maus, viele! Na, dann schreibe doch einmal viele 1en in das hellblaue Feld.

Manche Sachen gibt es nur einmal: die Sonne, den Mond und die Erde, Bär. Und du hast nur einen Schwanz, Maus.

Du bist einmalig, Bär. Und dich gibt es auch nur einmal, Maus. Überleg doch mal, Bär, was es alles nur einmal gibt.

Was gibt es in deinem Gesicht nur einmal, Bär?

Das weiß doch jeder, Maus!

Sieh dir doch mal das Bild von unserem letzten Urlaub an, Bär. Was gibt es denn an unserem Auto nur einmal?
Das sehe ich doch auf den ersten Blick, Maus.
Gut, dann schreibe eine **1** daneben.

Da haben wir die:

Das Fahrrad hat 2 Räder und 2 Pedale, Bär.
Und ich habe 2 Arme, 2 Pfoten, 2 Beine
und 2 Füße, Maus.
Na, dann schreibe doch einmal eine 2 in den Kreis.

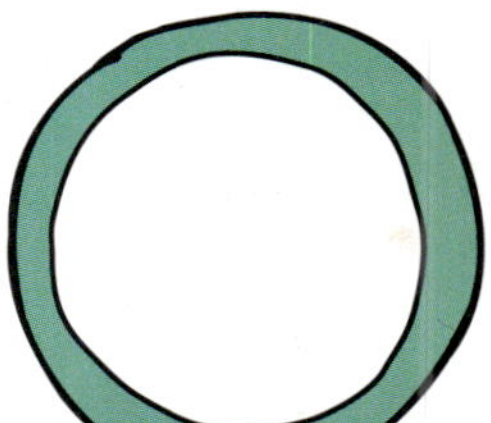

Aha, Maus,
ein Paar Schuhe,
ein Paar Socken...

Und wie viele Stifte, Äpfel, Bananen und Birnen
zählst du hier, Bär?
Schreibe die richtigen Zahlen
in die gelben Kästchen.

Jetzt haben
wir die Zahl:

Aller guten
Dinge sind

3

Kannst du bis 3 zählen, Bär?
Klaro, mein Dreirad hat 3 Räder!
Und vergiß nicht die Heiligen 3 Könige!

Kannst du auch ein Dreieck malen?

Wie wird daraus ein Turm, ein Haus, eine Kirche, ein Boot?

Komm', Bär, wir schneiden die Formen aus Pappe aus und kleben eine kleine Stadt daraus!

Das ist aber ein fröhlicher Marktstand, Maus! Zu Hause malen wir ein Bild vom Markt. Dann kannst du überall eine 3 in die Kisten hineinschreiben, in denen 3 Stück Gemüse oder Obst liegen, Bär.

Das mach ich, Maus. Darf ich dann auch das Bild buntmalen? Klar, Bär!

Na, Bär, ob du wohl bis 3 zählen kannst?
Du machst wohl Spaß mit mir, Maus!
Nur ein bißchen, Bär!

Hier gibt es 3 Tiere, und du sollst mir verraten, was sie am liebsten fressen. Und jetzt noch ein Spiel für dich:

Zähle die Früchte in den Kisten. Und kreise anschließend die entsprechende Zahl darunter ein!

Und was kommt jetzt, Maus?

Jetzt kommt die:

Hier konnte wohl jemand nicht bis 4 zählen!

Komm, Bär, zeichne all das ein, was an den Möbeln, dem Hund und dem kleinen Wagen fehlt, und schreibe eine 4 daneben.

Dieses Blatt hat 4 Ecken, und jeder Monat hat 4 Wochen.

Kannst du in alle Formen mit 4 Ecken eine 4 schreiben, Bär?

Kennst du die 

Jahreszeiten, Bär?

Wie könnte der Baum in den 4 verschiedenen Jahreszeiten aussehen? Verwandle ihn so mit Malstiften, daß er in den Frühling, Sommer, Herbst und Winter paßt.

Und alle Kinder haben 5 Finger an der Hand, Maus. Und 5 Zehen am Fuß, Bär. Kannst du schon die Zahl 5 schreiben, Bär? Das will ich versuchen, Maus. Dann schreibe so viele 5en, wie du kannst, in dieses Feld! Eine hab ich dir schon vorgeschrieben.

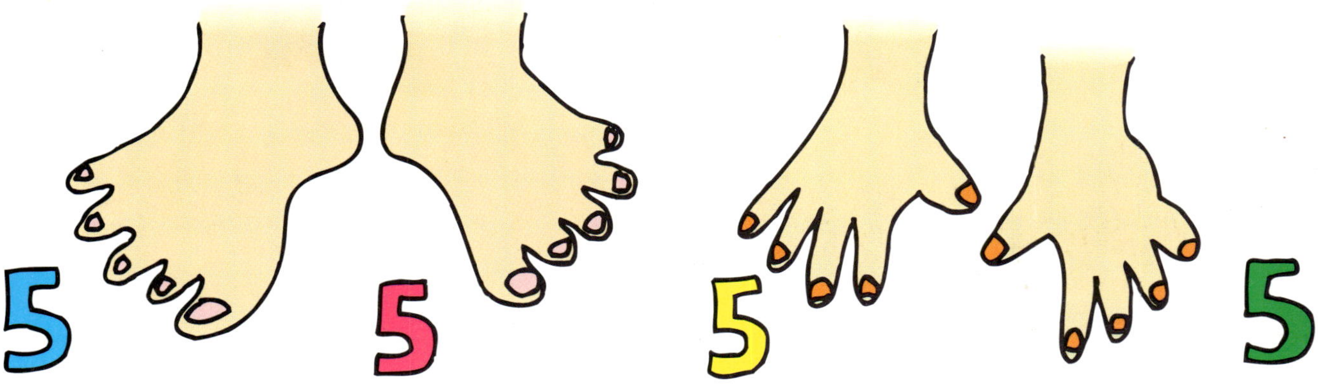

Hier habe ich einige Tiere, Pflanzen und Gegenstände 5 mal gemalt, Bär. Wenn du sie gefunden hast, kreise sie ein und schreibe die Zahl 5 daneben.

Hilfe, Maus, ich hab die Zahlen völlig verdreht. Macht nichts, Bär, wir schreiben sie noch einmal richtig daneben. Klar, Maus!

Im Herbst gibt es immer viel Arbeit mit dem Laub, Bär.

Ich habe hier noch ein Foto vom letzten Jahr und ein Spiel für dich: Male die weißen Blätter an und schreibe die Zahlen von 1 bis 5 daneben.

Kannst du auch noch in die Äpfel die Zahlen von 1 bis 5 schreiben und unsere Freunde anmalen? Klar, Maus!

Das war aber ein schönes Fest! Und der Kuchen war so lecker, Maus! Weißt du noch, wie wir ihn gebacken haben, Bär? Klar weiß ich das noch, Maus!

Dann kannst du sicher auch die Bilder wieder in die richtige Reihenfolge bringen?

Das geht am besten mit den Zahlen von **1 – 5**. Schreibe sie in die kleinen Kreise.

Der kleine Käfer hat

6 Punkte, Bär. Und er hat 6 Beine, Maus! Stimmt! Er könnte 6 Jahre alt sein.

6 Seiten hat ein Würfel, und er hat auf jeder Seite Augen von 1 bis 6.

Bär, kannst du all die Gegenstände, die Pflanzen, das Obst und die Blumen zählen und die richtigen Zahlen in die Felder schreiben? Klar, Maus!

Bär, in unserem Schrank haben wir:

6 Löffel
6 Tassen
6 Gläser
6 Teller
6 Schalen

Hier sind 6 Tassen, Bär. Zwei davon haben keinen Henkel mehr. Wie viele sind ganz? Weiß ich, Maus!

Wenn uns nun aber Freund Igel besucht und wir gemeinsam Himbeersaft trinken, wie viele Gläser nehmen wir dann aus dem Schrank, Bär?

Na, Bär, kannst du ein paar 6en schreiben?

Das will ich versuchen, Maus!

6

6

Morgens früh um **6** erwacht die kleine Hex'... Kennst du das Lied von der kleinen Hex', Bär? Ja, ... morgens früh um sieben, kocht sie gelbe Rüben, ...morgens früh um acht, wird Kaffee gemacht ...

Prima, Bär, dann male doch mal ein Hexenbild! Oh ja, Maus, dich als Hexe! Und das darf ich dann anmalen, Bär, mit scheußlichen Farben?
Na, klar, Maus!

Aber jetzt noch eine ganz ernste Frage, Bär.

Na, schieß los! Welche Zahlen fehlen in der Reihe, und kannst du sie eintragen, Bär? Klar, Maus!

1		3	4		6

7 Tage hat die Woche, Bär. Kannst du die Wochentage aufzählen? Ja, Maus! Und welchen Tag hast du am liebsten? Natürlich den Sonntag, Maus. Da kann ich immer lange schlafen! Stimmt Bär, da schläfst du immer wie ein Murmeltier!

Aber jetzt schreib doch mal die Zahlen von 1 bis 7 in die Felder hier unten, so wie die Wochentage aufeinanderfolgen, Bär. Mach ich, Maus!

Gestern hast du mir das Märchen von Schneewittchen und den 7 Zwergen hinter den 7 Bergen vorgelesen, und ich kenne auch schon das Märchen von den 7 Raben!
Na, Maus, wie gefällt dir mein Märchenbild?
Gut, Bär, sehr gut!

Da habe ich auch ein kleines Zahlenspiel für dich, Bär: Kannst du die fehlenden Zahlen der Zahlenreihe unten von 1 bis 7 ergänzen, Bär? Das will ich gleich machen, Maus! Ich setze auch noch die Zahlen von 1 bis 7 neben ihre Zipfelmützen!

Sieh mal, Bär, wir haben jeder 2 Paar Schuhe – das sind 4 Paar Schuhe. Und wie viele Schuhe sind das zusammen?

Oh je, so eine 8 hat es aber in sich! Maus, hilf mir mal, meine 8 sieht ganz komisch aus. Ist nicht schlimm, Bär! Du mußt dir nur zwei Kreise übereinander denken.
So, Maus?
Ja, gut, Bär! Nun schreib noch ein paar 8en in das Feld, dann kannst du Rollschuh laufen.

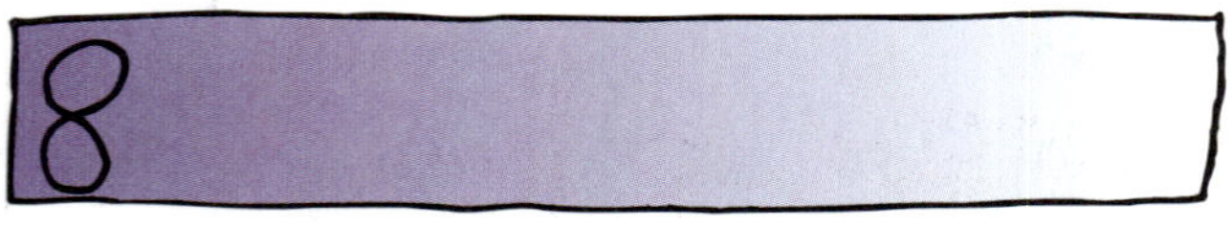

Hier noch ein kleines Zählspiel für dich, Bär: Zähle die Knöpfe, die Socken und die Ösen an den Schlittschuhen. Kannst du auch die richtigen Zahlen in die Felder schreiben? Mal sehen, Maus!

Jeden Abend um Punkt 8, sagst du mir ganz lieb gute Nacht! Das reimt sich sogar, Maus! Na, du wirst doch nicht etwa ein Dichter werden, Bär?

Nun schlaf aber endlich, Bär. Ich kann aber nicht einschlafen! Na, dann zähl doch noch einmal all das, was du um dich herum 8mal siehst. Gute Idee, Maus!

Oh je, dazu fällt mir aber überhaupt nichts ein, Maus! Na, dann laß uns mal zählen, was wir auf diesem Bild 9mal finden.

Und hast du noch unsere Telefonnummer behalten? Na klar, Maus: 6 mal die 9. Prima, Bär, das ist ja auch nicht so schwer zu merken! Dann schreib sie gleich in das Feld hier!

Und wie ist unsere Hausnummer, Bär? Na, 9, Maus! Gut, Bär! Sagst du immer noch, daß dir bei der Zahl 9 nichts einfällt?

Und weil du die Zahlen so gut gelernt hast, Bär, schenke ich dir 9 Luftballons. Kannst du die Zahlen von 1 bis 9 hineinschreiben?

Erinnerst du dich noch an unsere Safari im letzten Jahr? Klar, Maus!

In diesem Bild haben sich viele Zahlen versteckt. Oh ja, Maus! Ich will sie in das Feld schreiben.

So sieht eine **0** aus, Bär. Weißt du, was wir machen? Wir stellen eine **1** vor die **0**, dann wird daraus eine:

10

Schreib doch gleich ein paar **10**en in das Feld, Bär.
Gut, Maus!

Erkennst du auch, wie viele Zähne das Krokodil hat? Klar, Maus! Und kannst du schon all die Zahlen, die du bis jetzt kennengelernt hast, in die Krokodilschuppen schreiben? Aber ja, Maus, aber nur, wenn es mich nicht beißt!

10 Pfennige sind 1 Groschen, und 10 Groschen sind 1 Mark. Kannst du auch hier die Zahlen von 1 bis 10 in die Kästen schreiben? Ja, Maus, aber die Zahl 10 hast du ja schon hineingeschrieben. Stimmt, Bär!

Jedes Kind hat 10 Finger und 10 Zehen, Maus!

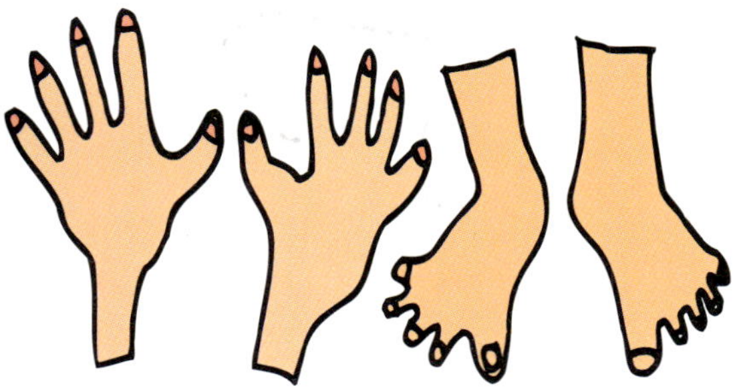

Wir werden langsam mit dem Rechnen anfangen.
Was ist denn das, Rechnen, Maus? Na, du wirst erfahren, was 1 + 1 ist. Das weiß ich ja schon längst, Maus!
Na, was denn, Bär? 2 natürlich!
Wie schlau du doch immer wieder bist, Bär!

Aber bevor wir mit dem Rechnen beginnen, müssen wir noch einmal die Zahlen wiederholen, damit sie sich gut einprägen. Zählst du mit deinen Fingern mit, Bär?
Klar, Maus!

1 2 3 4 5 6 7 8 9 10

Na, Bär, kennst du noch
die Zahlen von **1 – 10** ?
Klar, Maus, ich schreib
sie doch gerade auf!

Und, Bär, hast du das Zählen auch noch nicht verlernt?
Ganz bestimmt nicht, Maus.
Dann zähle doch mal all das, was du in jeder Reihe siehst,
und schreibe die richtigen Zahlen in die Kreise daneben.

Jetzt wollen wir
mit dem Rechnen
beginnen! Darauf freu'
ich mich aber schon
sehr, Maus!

Aber um
Rechnen zu lernen,
mußt du erst die
Rechenzeichen
können und wissen,
was sie bedeuten:

bedeutet: PLUS.
Hier zählen wir zusammen, und es wird mehr, Bär.

bedeutet: MINUS.
Hier ziehen wir ab, und es wird weniger.

Und dieses Zeichen steht immer vor deinem Ergebnis, Bär. Es bedeutet: IST!

Dann sage ich also:

1 plus 1 ist 2

Gut, Bär!

3 minus 2 ist 1? Stimmt, Bär, das hast du gut verstanden. Jetzt ist der eine Wurm ja ganz allein und traurig, Maus!

Jetzt will ich mal sehen, Bär, wie gut du schon zusammenzählst. Kannst du die richtigen Zahlen unter die Bilder in die Felder schreiben und auch das Ergebnis nach dem Ist-Zeichen? Logo, Maus!

Komm, Bär, wir helfen dem Milchmann, die Flaschen auszuteilen. Wie denn, Maus? Na, wir malen einfach die Anzahl der bestellten Milchflaschen vor jede Tür. Weißt du auch, wie viele es zusammen sind? Wenn du es weißt, Bär, dann schreibe die Zahl auf mein Papier!

Jetzt bin ich aber gespannt, Bär, ob du schon abziehen kannst. Das will ich versuchen, Maus. Ich schreibe die richtigen Zahlen unter die Bilder und auch das Ergebnis in die Felder.

Vielleicht kannst du sogar das Ergebnis in die Felder malen? Mal sehn, Maus!

Weißt du noch, Bär, wie uns der Wind die Wäsche weggeweht hat? Wie viele Wäschestücke blieben auf der Leine hängen? Schreibe die richtige Zahl in das Feld!

Der Wind riß dir die Luftballons aus der Hand. Wie viele blieben noch übrig? Schreibe die richtige Zahl in das Feld.

Heute wollen wir mit unseren Freunden Picknick machen, Bär. Du hast immer so gute Ideen, Maus! Wer kommt denn mit? Wenn wir Vogel, Hase, Igel, Maulwurf, Frosch und Schnecke einladen... Dann sind wir **8**! Gut gezählt, Bär!

Es fehlen:

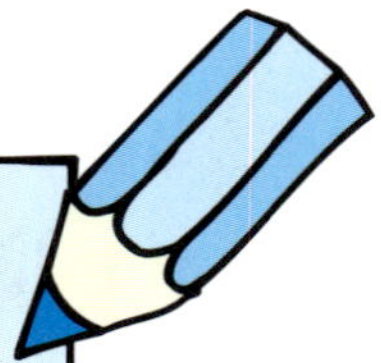

Dann decke doch mal den Tisch für **8**, Bär, mit: Tellern, Messern, Gabeln, Löffeln, Bechern und Servietten.

Fertig, Maus! O je, Bär, hier fehlt aber noch viel!
Macht nichts, Maus, das zeichne ich noch schnell dazu!
Kannst du dann auch gleich in die Felder schreiben, wieviel von jedem fehlt? Klaro, Maus!

Mal seh'n, wie schlau du bist, Bär: Verbinde mit dem Stift all das, was gut zusammenpaßt: erst auf dieser Seite, dann auf der nächsten. Zum Beispiel: Fahrrad und Roller.
Warum denn gerade Fahrrad und Roller, Maus?
Na, weil beide zwei Räder haben, Bär. Verstehe, Maus!

Und was ich verbunden habe, soll ich doch sicher auch zusammenzählen, Maus? Stimmt, Bär, und das richtige Ergebnis in die Kästchen daneben schreiben.
Das schaff' ich bestimmt!

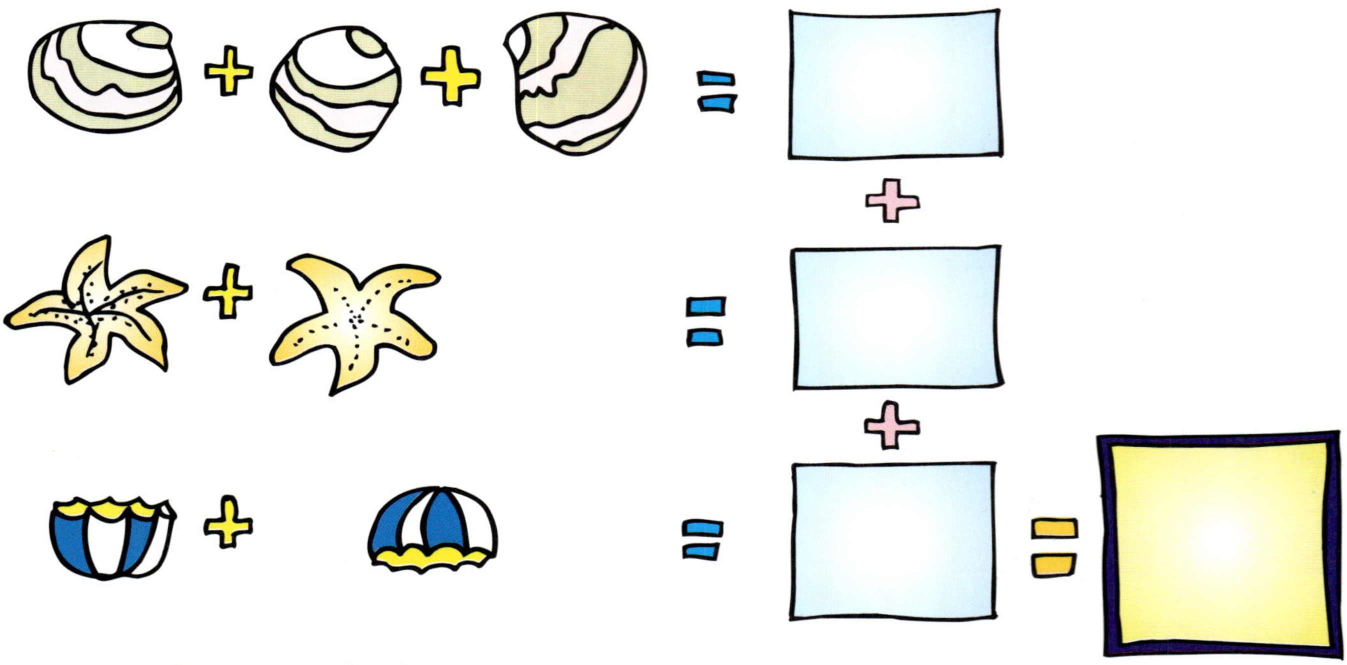

Wie viele Muscheln zählst du, Bär?
Wie viele Seesterne und wie viele Sandförmchen?
Und wie viele sind es zusammen, Bär?

Wie viele Enten zählst du hier auf dem Bild, Bär?
Wie viele Küken, und wie viele Fische?

 =

 =

 =

Wie viele sind es zusammen, Bär?

Jetzt wollen wir einmal das Abziehen üben, Bär. Ach ja, Maus. Das Spiel kenne ich schon! Ich verbinde mit dem Stift all das, was gut zusammenpaßt. Dann ziehe ich die kleinere Zahl von der größeren ab. Das klingt ja schon sehr fachmännisch, Bär! Kannst du auch das Ergebnis in die Kreise schreiben? Kann ich, Maus!

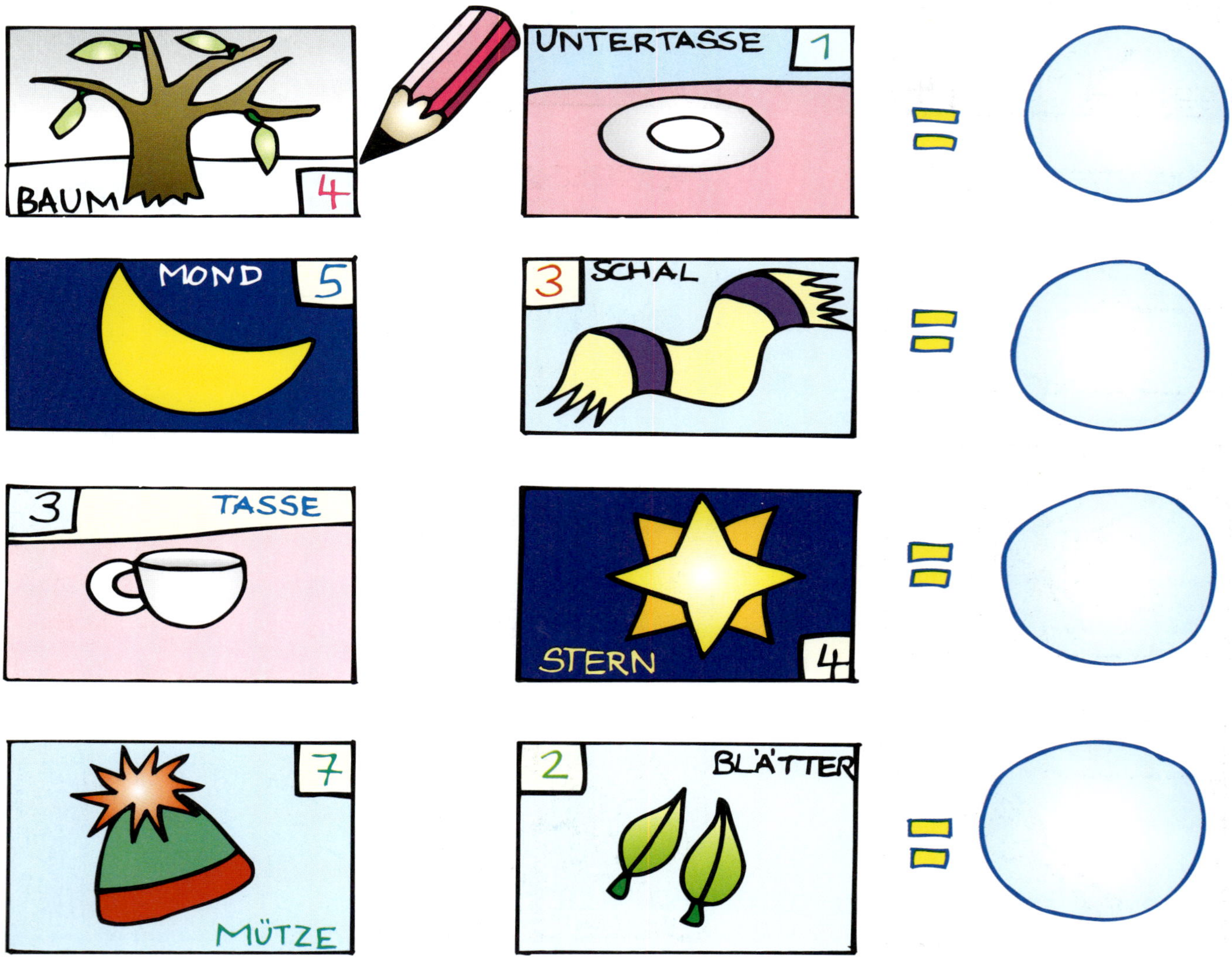

BECHER
3
5
LÖFFEL
4
APFEL
HONIG
2
GESICHT
4
KRUG
5
8
VASE
3
BRILLE
6
BIENE
1
BANANE
GABEL
4
2
BLUME

Erinnerst du dich noch an unser Zirkuserlebnis, Bär? O ja, Maus! Da fallen mir doch auch gleich ein paar schöne Rechenaufgaben für dich ein, Bär! Dacht' ich mir fast, Maus. Kannst du die richtigen Zahlen mit den Rechenzeichen einsetzen und auch das Ergebnis in die großen Felder daneben eintragen oder malen? Klaro, Maus!

Das war der Seehund Topsi, der mochte alle gerne.
Ganz besonders dich, Maus, wie man sieht!
Aber bestimmt kommt jetzt wieder eine Rechenaufgabe?
Natürlich, Bär, du willst doch bald gut rechnen können?

Stimmt, Maus! Gut, Bär.
Dann üben wir jetzt einmal
das Abziehen:
Du schreibst wieder die
Zahlen und die Rechenzeichen in die
Felder und malst auch das Ergebnis.
Das versuch ich gleich, Maus!

Heute kannst du Punkte sammeln, Bär. Wie denn, Maus? Wenn du den richtigen Weg zur Vorschule gehst, damit meine ich den sichersten Weg, dann hast du viele Punkte verdient: Gehe mit dem Finger den Fußgängerweg entlang zur Vorschule und trage deine gesammelten Punkte unten ein. Wie viele Punkte hast du bekommen, Bär?

Was bedeutet dieses Verkehrsschild, Maus?
Hier darfst du Fahrrad fahren.
Es ist ein Radweg, Bär!

Und was bedeutet das?
Fußgänger-Überweg, Bär.
Hier kannst du sicher die Straße überqueren.
Aber nicht einfach loslaufen, sondern immer erst die Hand ausstrecken und abwarten, bis die Fahrzeuge dich sehen und anhalten!

Das ist eine Fußgängerampel.
Wann darfst du über die Straße gehen, Bär? Das weiß doch jeder, Maus: Bei Grün natürlich! Gut, Bär.

Und jetzt noch eine Rechenaufgabe für dich, Bär.
Kannst du das richtige Ergebnis in das Feld schreiben?
Denk ich schon, Maus!

Das war ein schöner Tag im Zoo, Maus. Stimmt, Bär.
Jetzt rechnen wir aber weiter!

Ich hab' gar nicht gewußt, wie schön es unter Wasser aussieht, Maus.
Das glaube ich dir, Bär. Wie gut, daß du das Schnorcheln so schnell gelernt hast. Und nun darf ich wohl schon wieder rechnen? Ja, Bär.

 + = 7

 + = 9

 + = 8

 + = 6

Unsere Reise zur Schatzinsel, Bär, was für ein Abenteuer! Ich fand es unheimlich. Drei Tage war ich seekrank, Maus, aber der Schatz hat uns ja dann wieder belohnt. Und welche Rechenaufgabe hast du dir jetzt für mich ausgedacht? Warte ab, Bär!

6 =  +

9 =  +

8 =  +

5 =  +

Das war eine große Ernte, Maus!
Die Belohnung
für all unsere Gartenarbeit
in diesem Jahr.

Und jetzt wollen wir noch etwas rechnen, Bär.
War mir schon klar, Maus!

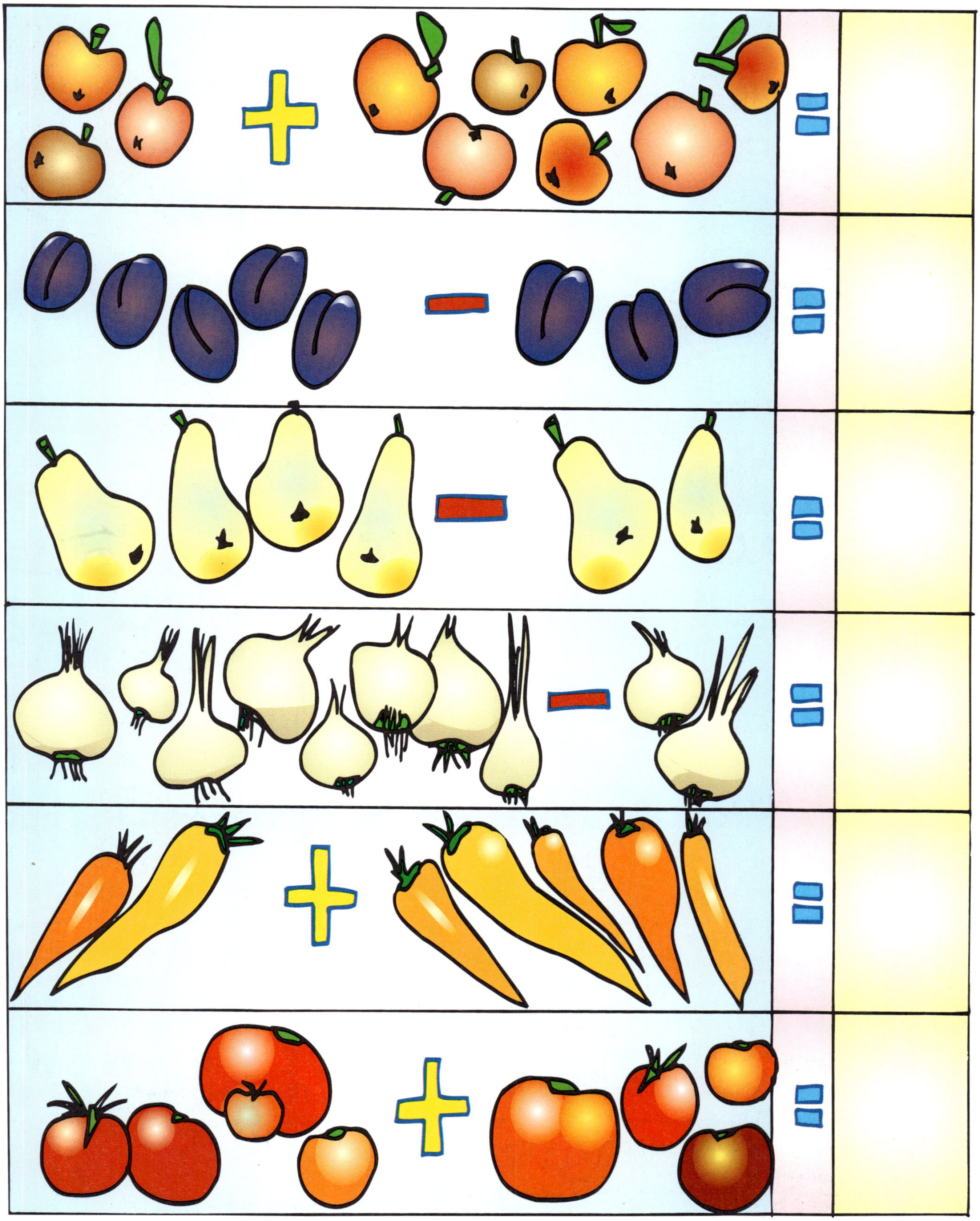

Ich will sehen, ob du mir diese Fragen beantworten kannst, Bär! Und ich schreibe die Antworten in die Felder, Maus? Ja, Bär! Hilfst du mir dabei, Maus? Klaro!

Kennst du noch unsere Hausnummer, Bär?

Kennst du unsere Telefonnummer?

Wie alt bist du?

In welchem Monat des Jahres hast du Geburtstag?

1 JANUAR	2 FEBRUAR	3 MÄRZ
4 APRIL	5 MAI	6 JUNI
7 JULI	8 AUGUST	9 SEPTEMBER
10 OKTOBER	11 NOVEMBER	12 DEZEMBER

An welchem Tag hast du Geburtstag?

MAI

M	D	M	D	F	S	S
1	2	3	4	5	6	7
8	9	10	11	12	13	14
15	16	17	18	19	20	21
22	23	24	25	26	27	28
29	30	31				

Wie viele Tage hat die Woche? =

Wie viele Jahreszeiten gibt es? =

Ich gebe dir eine schwere Rechenaufgabe, und du trägst die richtigen Zahlen ein, die noch fehlen.
Da bin ich aber gespannt, ob ich die Prüfung schaffe, Maus!
Wenn's dir schwerfällt, nimm deine 10 Finger zu Hilfe.
Gute Idee, Maus!

Und wenn du mehr lernen willst, dann gibt es in der Vorschulreihe auch dieses Maus+Bär-Buch für dich: